The book is published with the support of the Writers' House of Georgia.

Die Arbeit des Übersetzers am vorliegenden Buch wurde im Rahmen des Programms NEUSTART KULTUR aus Mitteln des Beauftragten der Bundesregierung für Kultur und Medien vom Deutschen Übersetzerfonds gefördert.

© 2021 Verlag Das Wunderhorn GmbH
Rohrbacher Straße 18
D-69115 Heidelberg
www.wunderhorn.de

Alle Rechte vorbehalten. Kein Teil des Werks darf in irgendeiner Form (durch Fotografie, Mikrofilm oder ein anderes Verfahren) ohne schriftliche Genehmigung des Verlags reproduziert werden oder unter Verwendung elektronischer Systeme verarbeitet, vervielfältigt oder verbreitet werden.

Gestaltung & Satz: philotypen/Dortmund
Druck: NINO Druck GmbH, Neustadt/Weinstraße
ISBN: 978-3-88423-654-3

Bela Chekurishvili

Das Kettenkarussell

Gedichte

Nachdichtung von Norbert Hummelt
nach Interlinearübersetzungen von
Lika Kevlishvili und Nana Tchigladze

Wunderhorn

Für meine Geschwister

1. Nanas Pferd

Das Kettenkarussell

Schuld war nur das Kettenkarussell,
wie seine Schaukeln flogen, ach, so schnell,
aus ihnen sah die Welt so völlig anders aus.
Uns schwindelte,
und jauchzend riefen wir:
„Weißt du was,
ich seh Amerika,
und jetzt kommt Frankreich
und dann Afrika,
und der Atlantik
und der Nordpol – da!"

So flogen wir und kamen um die Welt
und Grenzen gab es nicht mehr, die uns hielten,
und jede Zone war für uns erlaubt.

Wieder zu Hause, schrieben wir uns Briefe
und bemalten die Kuverts per Hand
mit einer Friedenstaube und mit Herzchen.
Natürlich musste ein Gedicht hinein,
was Heimatliches oder mit Natur, je nachdem, was
        wir soeben lasen –
oder man konnte auch eins selbst verfassen
und trug dann feierlich das Datum ein.
Wir sahen uns so schrecklich selten,
manchmal lagen Monate dazwischen,
und an einem Tag passieren Welten!
Die Briefe flossen wie die Frühlingsbäche,
sie flottierten zwischen Stadt und Land,
dann passierten sie auch Ländergrenzen,

denn wir waren fortgegangen, aus freien Stücken, an
 ganz neue Orte –
und jetzt hängen wir am Tropf der Worte.

Nun halt ich einen Umschlag in der Hand,
es ist kein Bild darin und kein Gedicht,
ein Satz nur, nur ein einziger, mehr nicht –
„Unser Haus soll auf Attika stehen,
in der Nähe von Athen."

Wie bitte? Ich muss noch einmal lesen.
Wie viele Wörter sind das? Ist das ernst gemeint?
Was soll denn bitte dieses „Unser" heißen?
Das klingt so statisch, so besitzergreifend.
War nicht Bewegung unser Ding gewesen?
Und nicht ein Traum von starren Häuserwänden.
Verschrieben wir uns nicht dem Fluss der Worte, lag
 unsere Kraft denn nicht im Klang?
Wir wollten fliegen,
durch die Mauern krachen,
die uns von Kindheit an umschlossen hatten
und ängstigten mit lauter Krieg und Frieden.

Ich sehe mir den Brief noch einmal an
und werde erstmals nicht gleich reagieren.
Mein Antwortbrief wird lange auf sich warten lassen.
Ob's meinem Bruder ebenso ergeht,
das weiß ich nicht. Ich schreibe spät.

Das Pferd meiner Schwester

Nana hatte ein Pferd gemalt.
Unter dem Bett mit den eisernen Füßen, denn dort
        war sie hingekrabbelt.
Als man sie nach langer Suche fand,
erklärte sie begeistert:
„Hab ein Pferd gemalt!"

Tante klopfte ihr zuerst den Staub ab,
dann schob sie das Bett zur Seite,
und es kam ein Krickelkrackel unten an der Wand zum
        Vorschein.
Ziegelfarben, und sie bückte sich, um es näher zu
        studieren.

Daran hat man sich oft erinnert.
Und als wir schon laufen konnten,
gingen wir das Pferd besuchen, das da unten an der
        Wand war,
wie ein Heiligtum.

Das Bett hat man nicht mehr verschoben,
ich und mein Bruder aber krochen oft darunter.
Dort war die Höhle von Altamira
oder auch die Linien von Nazca,
besonders an den dunklen Winterabenden,
wenn das Feuer im Kamin
roten Schein auf den Fußboden warf
und uns mit neuen Bildern beschenkte.

Das Pferd stand da und graste mit gesenktem Kopf.
Nana sagte, dass es in den Wald will.

Der Bruder hörte es wiehern,
als wir schon schliefen.

Dann kam der Tag, als man das Bett entfernte.
Ein Sofa sollte an die Stelle rücken.
„Die Kinder können darauf spielen, und wenn Besuch
        kommt, klappen wir es auf."
So kam ein Klappsofa an diese Wand, das schwer und
        grau war
und uns das grasende Pferd verdeckte.

„Ist fortgegangen, unser Pferd, es lebt im Wald!"
So scherzte Nana,
die jetzt schon Pferdebilder in die Alben klebte.
Wir Kleinen hörten noch die Hufe klappern
und stritten uns, wer auf dem Sofa schlief.

Als ich allein bei der Großmutter wohnte,
schickte Mutter uns gemusterte Tapeten, aus der Stadt,
um die vergilbten Wände zu bedecken.
Die Tante aber, assistiert von einer Nachbarin,
ließ Nanas Pferd und jenen Winterabend,
den feuerflammenden, verschwinden, gründlich, so dass
        nichts mehr blieb.
Fort war die Kindheit, fort, mit einem Hieb.

Der Schatz

Komm, wir entführen ihn,
erklärte Nana,
und barg uns unter einer grünen Decke,
es sah wie ein Zelt aus, und darin liefen wir mit
        hochgestreckten Armen
und drangen so auf leisen Sohlen, wie es Diebe tun,
        ins Schlafzimmer der Eltern ein,
denn dort im Körbchen, mutmaßten wir, musste
        dieser Säugling sein.

Da war etwas Gewickeltes, das rund und schwer war,
viel zu schwer für mich, so musste Nana dieses Etwas
        tragen,
wie eine große Sparbüchse, wie einen Barren Gold.
Ich aber streckte nur die Arme hoch,
damit die Zirkuskuppel nicht zusammenfiel.

So passierten wir mit Glück die offene Küchentür,
ohne dass uns die schwatzenden Frauen bemerkten
(vermutlich rührten sie im Kochtopf
oder lasen Reis).
So glückte es uns, die Beute zu schleppen unter den
        Tisch mit den Tatzenbeinen
und unter Lumpen dort zu verstecken.
Er weinte nicht, der Schatz,
war mitverschworen ohne aufzumucken
und äußerte sich nur durch Wimpernzucken.

Doch war dieser Ort, Nana nannte ihn Arche,
bald schon von vier Großtanten belagert,
die uns mit schlappenden Pantoffeln folgten
und ihre Stimmen gegen uns erhoben:

Seid ihr noch ganz richtig oben?
Wollt ihr uns zu Grunde richten?
Euer Vater bringt euch um!
Bedenkt: Endlich wurde euch ein Brüderchen geschenkt!

Das deutsche Klavier

Großmutter sprach: Zeit, dass wir ein Klavier anschaffen,
wo wir doch jetzt zwei Mädchen haben,
da können die Schwestern dann spielen und singen
und ihre Freundinnen beeindrucken, später dann die
        Jungs.

Und während die Eltern noch um meinen Namen
        stritten,
hatte sie schon das Klavier bestellt, in der Hauptstadt,
        eines von Rönisch.
Sie fuhr zu einem ihrer einstigen Schüler, und es dauerte
        nicht lang:
Nach zwei Wochen wurde das Klavier gebracht,
und der Klavierstimmer kam gleich mit, damit es auch
        schön sauber klang.

Und der geschwisterliche Gesang wurde gleich doppelt
        begleitet
von dem verhassten Musikunterricht und dem
        großmütterlichen Tadel:
„Nun übt schon, ein so großer Mann hat mir einen
        Gefallen getan,
sonst könnten wir uns das hier überhaupt nicht leisten."

Unsere Kindheit war fortan unzertrennlich von dem
        großen Mann,
gleich, ob wir spielten, ob wir im Fernsehen kurze
        Trickfilme sahen,
immer stand er hinter uns, und er zählte alle unsere
        Schritte.
So ein großer Mann, und er blieb uns noch erhalten,

als die Großmutter mit ihren sieben Sachen schon auf
>Jenseitsreise war.
Und er war auch dann zugegen, als ein Junge in mein
>Leben trat,
der mit einem Schrei vor der versammelten
>Verwandtschaft
zu verstehen gab, dass nun in unserem Leben alles anders
>würde.

Und während wir Eltern noch um seinen Namen stritten,
sagte seine Großmutter:
„Zeit, dass wir das Klavier verkaufen. Jetzt ist doch der
>Junge da.
Und der braucht Käse, Milch und Joghurt, viel Brei
>braucht er,
und Khatschapuri."*

Unser Klavier? – Das verwunderte uns Schwestern.
Und fragend sahen wir uns in dem Zimmer um,
über dem für manches Jahr der Schatten dieses großen
>Mannes war.
Doch nun war ein Kleiner in die Welt gekommen, um ihn
>vor die Tür zu setzen.

Das deutsche Klavier aber nahm fortan die Gestalt zweier
>Milchkühe an,
und noch ein Kälbchen gab man uns dazu, ein
>Neugeborenes,
damit man die Kuh leichter melken konnte.

Pusteblumen

„Wovon ich rede? Vom Hof des Großvaters natürlich,
den hat der Löwenzahn komplett erobert.
Niemand war hier von euch das ganze Jahr,
und man kommt nirgendwo mehr durch,
selbst die Treppe ist schon überwuchert",
so die Klage meiner Mutter,
„Euer Vater war ja auch noch nie ein großer Landmann,
viel lieber zog er in der Welt herum,
nicht einmal um den Gemüsegarten kümmerte er sich."

Ich hör ihr zu und färbe meine Haare, übrigens in Karamell,
so steht's zumindest auf der Packung.
Trotzdem weiß ich nicht,
ob das mit meinen schwarzen Haaren geht,
sind sie doch schon zur Hälfte grau,
grau wie diese Pusteblumen,
die dank der Stimme meiner Mutter jetzt durch dieses
        Zimmer fliegen,
dank der Datenübertragung aus dem Land der Kindheit
        wehen
und sie wehen meine Augen zu,
ich kann ihr trauriges Gesicht schon nicht mehr sehen,
meine Mutter, die nicht weiß,
wie sie den ganzen Löwenzahn aus dem Hof verbannen kann,
sie schafft es mit der Hand nicht mehr
und die Kraft hat sie verlassen.
Und der Vater hat sich niemals Zeit genommen,
Haus und Hof ließ er verkommen
und seine Kinder sind so ungeschickt wie er.

Meine Mutter sucht die rechten Worte,
dank der Datenübertragung landen sie genau bei mir,

hier vor meinem Spiegel, doch was sag ich ihr,
deren Stimme immer mehr zerstückelt klingt.
Was ich für den Hof tun kann, das weiß ich nicht so schnell,
auch wenn ich selbst zur Pusteblume werde,
so hoffe ich doch nur auf Karamell.

Die Rosen der Witwe

Wenn am Dorfweg die Hundsrose blühte,
dann blühte sie entlang des Gartenzauns
und hegte den Garten der Witwe ein.
Wie Rüschen schauten ihre Blüten aus,
weiß und rosa und die Unschuld selbst,
aber sie war mit Dornen bewaffnet.
Sie hütete den Erdbeergarten
in der Frühlingszeit
und sie machte, dass wir bitter weinten.
Wir mussten doch über den Zaun gelangen
und eins auf die Schulter des anderen steigen...
Wir haben es nicht noch einmal versucht.
Es war kein Hund – die Hundsrose war es, die den Garten
        bewachte,
in dem die Erdbeere Feuer entfachte, denn sie leuchtete gar
        so rot.

Die Witwe aber las die Blütenblätter
sorgsam von dem Hagebuttenstrauch
und mischte sie mit weißem Zucker, nahm dazu auch
        Mandelkerne
und wenn der Winter kam, dann kochte sie Muraba*, und die
        rochen wir so gerne.

Niemals wäre sie darauf gekommen,
dass ich eines von den Kindern war,
die Erdbeeren lieber ungewaschen und als Diebesgut verzehrten,
statt sie im Schälchen fein serviert zu kriegen.
Ich stieg auf einen Mirabellenbaum und schaute aus:
Wann geht die böse Witwe aus dem Haus,
wann ist sie endlich weg,
die Großmama.

Erdbeben

> *Eka Kevanishvili wollte Verse schreiben*
> *vom großen Beben in der kleinen Stadt.*
> Eka Kevanishvili

Goss heißen Tee mir über meine Hand,
da fiel das Bild samt Rahmen von der Wand.
Erdbeben!, schrie der Onkel,
schnell in den Hof,
bevor die Treppe birst.
Unter Fensterklirren, schepperndem Geschirr
stiegen wir, so schnell wir konnten.

Verlor die Schluppen unterwegs
und barfuß stand ich vor den Nachbarn da
auf dem nassen, kalten Frühlingstrottoir.
Hielt meinen Knaben fest im Arm,
dass er die fallenden
Ziegel nicht sah,
die die jungen Katzen bei der Hauswand trafen.
Da ertönte von der Straße ein sehr lautes Klagen,
denn diesmal wurde ein Mensch erschlagen.

In diesem Wirrwarr wurde allen klar,
wenn noch ein zweites Beben käme,
dann hielten unsere Häuser nicht stand,
die mit ihren rissigen Mauern.
Und unser schönes altes Viertel wäre
nur noch ein Haufen zerbrochener Steine,
und zuunterst unsere Gebeine.

Unter der angstvoll wartenden Menge
flüsterte ich meinem Knaben zu:
„Jetzt aber schnell mal auf die Beine, du!

Ich schaffe es vielleicht noch kurz ins Haus,
das Geld zu holen, meinen Ring, dein Taufkreuz."
Und bevor er widersprechen konnte:
„Wir gehen bald ins Dorf, versprech ich dir!" –
„Wirklich? Ins Dorf?"
Und seine Augen strahlten,
er riss die Arme hoch und löste sich von mir.

An jenes kühle Haus, das einen Weinkeller besaß
und das der Großvater dereinst erbaute,
der irgendwann aus Pshavi* nach Kakhetien* kam,
in das wir Enkelkinder keinen Fuß mehr setzten
und das verlassen und vergessen war,
musste ich eines Tages denken,
als ich die Verse las, die Eka Kevanishvili schreiben wollte
vom großen Beben in der kleinen Stadt.
Und es nahm mir alle meine Ängste in Berlin,
wie damals, als in jener Nacht,
2002, die Erde bebte,
und ich in den Augen meines Kindes Hoffnung sah,
neben den blutverschmierten jungen Katzen.

Getrocknete Sauerkirschen

Es wird wohl im Winter gewesen sein,
dass ich von den Sauerkirschen sprach, von den
      getrockneten,
von der Wärme des Holzofens, und Haselnüssen.
Nüsse waren immer im Spiel,
sie steckten auch in den geballten Fäusten,
in gerader oder krummer Zahl.

Was ich zu erzählen habe, führt mich stets in jene Tage
und immer wieder halte ich dort Einkehr
und brülle wie das Vieh vor dem verschlossenen Tor.
Und dann denk ich an die Frauen,
die aus grauem, grobem Leinen
uns die kleinen Säckchen nähten,
um die Dinge drin zu bergen,
Mandeln, Nüsse, Trockenobst.

Was man in der Kindheit spielt, ähnelt sich doch überall.
Siege oder Niederlagen sind in diesem Fall egal.
Immerhin gab man uns Sauerkirschen, getrocknete, wie
      schon gesagt,
und du stauntest, wie es uns gelang,
uns nicht an den Kernen zu verschlucken,
die wir aufhoben unter der Zunge.
Das waren unsere Freuden in der Winterzeit,
einstmals, ehe die Lust erwachte und jede von uns
      Phantasien hatte.
Einmal fiel es mir wieder ein,
als ich mit dir online schwatzte
und wir an tausend Dinge dachten, die lustig waren,
      nichtig und klein.

Winterweizenbrot, Darmstadt

Winterweizen,
Ähren rot,
Winterliches Weizenbrot,
Grüßt vom Feldrand zu uns her,
Und erzählt uns
Noch viel mehr.
Alle haben sich versammelt,
Erntehelfer, Sichelklang,
Und wie hell der Wetzstein klang.
Und ein Märchen fällt mir ein,
Wie wir schnell das Feld passieren,
Seltsam auch, wie kurz der Weg ist,
Wachtelmärchen, ich war klein,
Vater da, die Sonne lacht,
Hausaufgaben schon gemacht.

Winterweizen, rot gebacken,
Wusste nicht mehr, wie es schmeckt,
Wie es duftet, knusprig, kross,
Kupferfarben lag es da,
An dem Rand des Tandur-Ofens,
Mit den Spitzen hochgebogen.
Wie ich in der Kammer ging, knusperte ich vor mich hin.
„Nimm auch Käse, nicht nur Brot", hörte ich die Oma rufen,
Und ich lief zum Nachbarhof.

Brot und Trauben, Walnüsse und Brot,
Zwiebeln aus dem Ofen, und dazu ein Brot –
Das war es, was ich immer mit der Oma aß,
Wenn es dunkelte im Dorf, und ich bei ihr in der Stille saß.

All das kam nun wieder hoch,
Kakhetien, die heißen Sommertage,
Winterfeuer, und die Abende,
Weizenfeld und Sichelglanz,
Vater da, und der Gesang
Strömte aus dem Tandur-Ofen,
Hat Erinnerung entfacht,
Und das alles hat gemacht,
Hier in Darmstadt, sechzehnter April,
Wie Heinz Gengenbach beim Frühstück sagte:
Übrigens, das rote Winterweizenbrot,
Das sie jetzt auch schon in Frankreich backen, erste
        Klasse, klar, wir fördern das,
Den Wiederanbau des Getreides in Georgien.

Ingwer

für Arne Rautenberg

Unter tausend fremden Worten, die ich nicht verstand,
die uns umschwirrten in der Kinderzeit,
uns zu verzaubern oder zu verführen,
schien mir der Ingwer interessant.

Mein Land,
das man als Brücke sieht zwischen Orient und Okzident,
ist üppig und an Reizen reich,
kennt süße und exotische Früchte,
es prangt mit Farben, Düften und Gewürzen,
aber Ingwer wächst dort nirgendwo.
Doch kam das hübsche Wort in vielen Büchern vor,
man nahm es gerne in Geschichten auf,
und immer, wenn das süße Wort erklang,
dann tönte in mir ein silbernes Glöckchen, und das läutete
        stundenlang.

Ich konnte ohne Zweifel sagen,
Ingwer, klar, das kenne ich,
das schimmert, flattert oder knirscht,
und schwebt wie ein seliges Lied über Dächern.
Ob man damit nun Lebkuchen buk, ob's Kinder gab, die
        diese gerne aßen,
entzog sich meiner Kenntnis, denn die Kinder saßen
irgendwo in einem fernen Land, das ich nie erreichen
        konnte.
Nur aus der Ferne klangen ihre Stimmen,
das reichte mir, um mitzusingen.

Irgendwie passte es nicht zusammen,
diese ferne verkommene Welt

mit ihren fröhlichen Mädchen und Jungen,
mit Lebkuchen unter den schnalzenden Zungen,
und jenes Wort, das meinen Raum erfüllte und sich über
    mein Zimmer verstreute.
Ich meinte, dass es ein Pulver war,
gelb vermutlich oder ziegelfarben,
doch glänzte es auch
und es reichte sogar, nur einmal kurz davon zu kosten,
schon taten sich vor mir die Türen auf, und ich konnte in
    die neue Welt vorstoßen.

Ingwer –
man hätte ihn wohl mehrfach mahlen müssen,
bis er die rechte Konsistenz besaß,
die alle Tage farbenprächtig machte,
so dass wir unbesorgt auf allen Wegen wären,
ob wir zur Schule gingen oder nicht, oder zum
    Klavierunterricht,
ob wir zum Wald spazierten
oder Brunnen.

Genealogie

Was hat sich mein Urgroßvater gedacht,
als er seine drei Kinder nahm
und aus den Bergen Svanetiens* ins Flachland ging?

War es, weil er den Wein so liebte?

Ganz Georgien hat er durchquert
und endlich kam er in Kakhetien* an,
um den Schenkel des Weinstocks zu beugen und ihn dort
        in die Erde zu pflanzen.
Weinreben schmückten ihm fortan das Hoftor, und sie
        schmückten ihm Treppe und Dach,
und die allerwohlschmeckendsten Trauben kamen ihm bis
        in den Schatten nach.

Uns hinterließ er heilige Worte,
fremde Worte mit Rhythmus und Klang,
die sich im Alltag wie Türme erhoben,
als brächten sie uns eine Botschaft von oben,
aus den Tiefen der Vergangenheit
Talismane der künftigen Zeit.

Und was dachte mein Großvater sich, als er ein Kind in
        Kakhetien war?
Es heißt, dass ihm eher das Schreiben lag,
als im Haus das große Wort zu führen. Er mochte auch
        nicht die Türme berühren,
die sein Vater ständig beschwor,
es klang seiner Tochter wie Donner im Ohr.
Vielleicht musste er so entscheiden,
alles, was er erinnern konnte,
auf die Gedichtsäule niederzuschreiben.

Das gab dem Gedächtnis ein festes Dach,
denn nach langen Heimwehjahren gaben seine
>   Mauern nach.

Ich sage hier von meiner Mutter nichts,
sie war der Gedichte ihres Vaters müde und mochte
>   auch nichts mehr vom Weinberg hören.
Was ihr Vater gedichtet hatte, legte sie ihrer Mutter
>   ins Grab.
Die Weinstöcke aber überließ sie dem Hagel.
Stein für Stein trug sie die Worte ab, und sie riss die
>   alten Türme nieder
und ihre Kinder streute sie in fremde Länder aus, so
>   wie der Wind mit Hirsekörnern tut.

Die Sprache des Großvaters kam nicht auf mich,
doch ist es so, wenn ich Kehllaute bilde,
dann schwingen die Stimmbänder derart stark,
als trügen sie ein besonderes Wissen, das bisher
>   verborgen lag.

2. Zigarettenstummel

Zigarettenstummel

Du gehst am Ufer in der Stadt am Rhein
und dein Blick streift über Pflastersteine
und Zigarettenstummel, die sich in den Fugen sammeln.
Du fängst zu zählen an und dir fällt ein, wie ihr solche
        Stummel aufgelesen habt,
einst in den Straßen einer anderen Stadt,
um sie per Mundstück rauchen zu können.

Und wenn dich jemand fragt, wie war's denn so in deinem
        Land,
als eines schönen Tages die Sowjetunion verschwand,
als die Freiheit, die ersehnte,
dir und deiner Altersgruppe plötzlich in die Hände fiel,
dann fallen dir die Zigarettenstummel ein,
die ihr von der Straße und vom Bordstein aufgelesen habt,
und du gibst zur Antwort:

Jugendliche, die verliebt sind, merken gar nicht, wenn es
        Nacht wird,
weil es sie jetzt nicht nach Hause zieht,
wenn es im Park noch warm ist und der Mond scheint hell,
so kurz sind die Nächte damals gewesen
und die Morgenröte tönte klarer als silberne Gitarrensaiten.
Teenager waren wir und unseren Vätern klauten wir die
        Zigaretten,
ob sowjetisch oder westlich, oder ob sie die nun von den
        Roma hätten,
je nachdem, wie es die Laune unserer Väter wollte,
wieviel von dem ersparten Geld für Zigaretten draufgehen
        sollte.
Als wir dann Studenten waren, rauchten wir kühn in der
        Öffentlichkeit,

zum Zeichen unserer Unabhängigkeit.
Dann hatte unser Land auch schon die seine in der Tasche
und aus uns wurde Zigarettenasche.

Von der Liebe,
vom Studentenleben
und der großen Freiheit
sind nur ein paar nackte Worte geblieben,
die wir jetzt für die Gedichte brauchen.
Wir suchen Zuflucht in der neuen Welt
und machen die wenigen Worte zu Geld.
Wenn's gut geht, können wir uns Zigaretten kaufen.

Es hat gar keinen Krieg gegeben

„Das sind doch auch nur Menschen",
sagte Mutter,
„Das ist doch gar kein echter Krieg.
Die ballern nur so rum, sich gegenseitig zu erschrecken,
die zielen auf die Dächer, oder eine Säule."
Doch sahen wir,
wie den einen Nachbarn auf der Straße eine Kugel traf,
einem anderen wurde die Balkontür zertrümmert.
Gegenüber setzten sie ein Haus in Brand,
nur gut, dass keiner drin war.
Das Feuer griff rasch um sich,
so dass es gar nichts mehr zu plündern gab.

„Das ist doch gar kein echter Krieg.
Im Bunker kann den Jungens nichts passieren",
teilte uns der Kirchenvorstand von Sankt Nino mit
und machte für den Präsidenten eine Kerze an
und ebenso für meinen Bruder.
Wir konnten nicht begreifen,
was er in dieser Ecke wollte
und was ihn in den Bunker trieb.

„Kommt doch zu uns,
bis bei euch drüben wieder Ruhe ist",
riefen uns Verwandte an,
„ihr seht, es ist gefährlich, sich ein Brot zu kaufen.
Aber bald ist Neujahr, und dann feiern wir."

„Das ist doch gar kein echter Krieg",
so gaben wir zurück,
„Wir haben uns an diesen Krach gewöhnt.
Sie schießen ja auch nicht rund um die Uhr

und die Milizen lernen langsam, wie man sich benimmt,
sie sind jetzt schon viel netter als am Anfang."

Wir setzten unser Leben fort, so gut es ging,
und warteten auf Vater,
der in Kakhetien geblieben war und in der Stadt nun keinen
        Zutritt hatte.
Wir warteten, dass wir vom Bruder hörten,
der Bunker war doch nur zwei Schritte weit von unserm
        Haus entfernt.
Was hinderte ihn daran, heraufzukommen?
Und außerdem war ich in Hoffnung,
das Kind war für das Monatsende ausgezählt,
die Schwester lernte für die Uni-Prüfung
und hatte hier und da noch einen kleinen Job.

Wir glaubten nicht an diesen Krieg, auch dann nicht,
als mein Mann mit einer Knarre kam, die er unter seiner
        Jacke trug.
Er kam nach Haus
und flüsterte:
„Die machen wir zu Geld, sobald der Kleine da ist."

Es hat gar keinen Krieg gegeben,
wir lebten nur in einer Stadt, die ausgebrannt war und
        geplündert,
in der es Dunkelheit gab, Kälte, Angst, kein Brot.

Das Heulen der Sirenen

für Ia Kvachakhia

Fliegeralarm: Diese Töne hab ich nie vernommen.
Um sie zu hören,
googelte ich
und nahm mir ein Video nach dem anderen vor.
Denn ich brauchte diese Emotion,
um ein Gedicht
aus dem Deutschen ins Georgische zu bringen,
spät in der Nacht.
Das Kreischen der Sirenen, schlägt man es in georgischen
        Annalen nach,
ähnelt aber
eher einem Brüllen,
einem Heulen
oder Schluchzen.
Es ist nicht einfach nur die Angst, wenn du diese Stimmen hörst,
dann weißt du, dass du diesen Ort verlassen musst,
du musst fort jetzt, über alle Berge.

Ich höre mir die Töne an
und brauche dennoch einen Rat,
denn ich kann mich nicht für ein bestimmtes Wort entscheiden.
Denn zum Glück hab ich die Töne nie gehört.
So schrieb ich einer Freundin, die noch online war,
und bat sie, einmal reinzuhören
und mir bei der Wortfindung zu helfen.
Sie aber schwieg.
Wahrscheinlich, dacht ich, hab ich sie erschreckt,
es ist schon spät
und nicht die rechte Zeit dafür.

Aber Bela,
schrieb sie endlich,
du weißt doch, dass ich auch Sukhumi* bin!
Verließ die Stadt erst, als es nicht mehr ging.
Exakt diese Stimme schrie auf mich im Keller ein,
wo wir uns vor den Bomben schützten.
Diese Stimme,
nein, sie warnte nicht,
dass etwas Übles käme.
Sie kündete den nahen Tod,
wenn alles Leben rings umher verstummt
und alle Mauern heulen und mit Zähnen knirschen.

Alles wurde zu Papier

Es gibt kein Abchasien mehr, sagt mein Sohn,
ganz so wie meine Großmutter sagte, die alterte und
        starb.
An ihrer Stelle schauen wir die Fotos an,
auf denen sie noch jung ist und mit uns zusammen
        lacht.
Hier schau mal das –
stößt er mich an: ein Bild, das mich
mit seinem Vater zeigt, wie wir einander am Strand
        umarmen, bei Bichvinta* –
auch sein Vater ist gegangen
und alles wurde zu Papier
und ging ein in diese Fotos,
schau und nimm sie dir.

Er hat nichts mehr zum Erinnern,
also teile ich ihm mit,
wie wir auf Bichvinta kamen,
als wir in Flitterwochen waren.
Und wie wir in die Kathedrale gingen, um das
        Orgelspiel zu hören,
da fragte mich mein Mann: „Weißt du wohl, dass hier
        ein Götze stand?"
Ja, so sagte ich, ich glaube schon – und dachte mir,
        wir kriegen einen Sohn.

Dieser Junge, der im Krieg zur Welt kam
in Tbilisi, der zerstörten Stadt,
der Abchasien und seine smaragdgrünen Seen nie
        gesehen hat,
kennt seit der Kindheit nur das Licht der Lampe
und Warteschlangen für Petroleum.

Er kennt Abchasien nicht mehr.
Er weiß, dass heute Krieg woanders ist.
Er sagt: nimm doch das Album, wenn du es vermisst,
schau's an und nimm es dir.

Eis von der Mutter

Ich wollte ein Kind, das gern Eis essen mag,
ich dachte, das ist so nach Kinderart,
wenn sie wild aufstampfen mit dem Fuß und dann schreien:
„Mama, Mama, kauf mir ein Eis!"
Aber mein Kleiner schlug aus der Art,
spuckte das Eis aus und weinte laut:
„Mama, lass, das ist so kalt und außerdem nass!"

Ich dachte, es liegt am Vanillegeschmack,
probierte es weiter mit Schoko und Erdbeer,
manchmal mit Früchten oder mit Sahne,
reichte auch Milchshakes
und machte ihm vor,
wie man ein Eis aus der Waffel schleckt.

Wir stellten uns auch bei McDonald's an,
damit er merkte, da ist schon was dran,
wenn so viele Menschen dasselbe wollen, muss es doch toll sein,
da wird die Lust schon von selber kommen.
Aber er lehnte immer nur ab, gleich welche Mühe ich mir gab.
So wurde er ein erwachsener Mann,
der immer noch nicht recht einsehen kann,
warum seine Mutter ihn zwingen wollte.

Ich wollte doch nur nichts an ihm versäumen
in jenen düsteren neunziger Jahren
als eigenständige junge Frau,
die ihrem Kind jeden Wunsch erfüllte.
Denn sie hatte immerhin Glück,
einen Job und das Geld, sich ein Eis zu leisten.

Weiße Blutkörperchen

Winzige Kügelchen bilden dein Blut,
wie Schokolinsen sehen die aus,
bunte Smarties, erklärte man uns,
und keines davon ist nunmehr rot.
Nunmehr ist keines der Kügelchen rot,
sie haben allmählich die Farbe verloren,
verblasst sind sie und bleich geworden,
erklärte man uns.
Dein Blut ist ganz weiß
und man kann's nicht mehr färben.
Nicht ausmalen mehr
und nicht künstlich ergänzen,
erklärt uns die Lehrerin,
wir können uns keine Kügelchen kneten.

Und darum gehen wir nun in den Wald,
wo überall schon die Zyklamen blühen,
wir gehen sie gemeinsam pflücken
und tragen einfach ganz viele zusammen,
dann winden wir einen Kranz daraus,
erklärt uns die Lehrerin.
Dann nimmt sie jemand mit in die Stadt,
verkauft sie dort in unserem Namen
und pflastert die ganze Stadt mit Zyklamen.
Erst heute ist der Frühling gekommen,
wir können sie fortan jeden Tag pflücken
und damit ein riesiges Sparschwein bestücken.
Und ist es erst voll,
dann schicken wir's
hierher zu dir, ins Krankenhaus.
So wollen wir deine Kügelchen retten,
erklärt uns die Lehrerin,
dann leuchten sie wieder, rot wie noch nie.

Sozialer Rang

Der Vater eines getöteten Kindes besitzt in meinem
        Land sozialen Rang
und der besteht in ewigem Kampf,
bis dass er eines Tages zu sich sagen kann,
dein Kind ruht nun in Frieden. Denn
sein namenloser Mörder ist erkannt
und trägt in der Geschichte unserer Tage einen
        Namen.

Die Mutter eines getöteten Kindes besitzt in meinem
        Land sozialen Rang
und der besteht in untilgbarer Schuld und Schande.
Wie kann sie, derart bloßgestellt, jemals wieder ihrem
        Kind begegnen,
das fortgegangen ist aus dieser Welt. Sie kann ihm ja
        nicht sagen,
dein unerkannter Mörder trägt nun einen Namen.

Die Eltern haben jeden Kampf verloren.
So sehen wir sie und so stehen wir da,
zwischen Mördern und Ermordeten, reglos und starr,
und können uns nicht mehr in die Augen schauen.
Wir haben uns in Stein verwandelt.
Wir haben einen schiefen Wall errichtet.

So bleibt uns nur,
uns einzumauern in diesem Land, das Recht nicht
        kennt.
Mit einer Mauer, die die Lebenden sauber von den
        Toten trennt.

Mutter ist zurück

Babys sehen doch alle gleich aus,
sagst du, wieder zu Haus, nachdem du lange in der
        Fremde warst,
und küsst dein Kind, das ohne dich wuchs, auf die Wange.
Es schaut dich an
Und begreift nicht,
was dieser Bärenkopf auf deinen Schultern soll – haben
        wir denn vielleicht Karneval? –
oder es schaut dich durch die Brille an
wie den netten Mann von nebenan,
der euch jeden Morgen beim Einkaufen grüßt
und rein zufällig mit einem Hirschkopf rumläuft.

Die Brille hast du ihm einmal geschickt vor langer Zeit,
es trägt sie jetzt schon eine Ewigkeit.

Sünderinnen

Niemand unter uns war ohne Sünde,
doch griffen wir alle zugleich nach dem Stein.

Jetzt könnten wir uns dafür rächen,
dass wir selber uns nicht trauten und eine andere es tat.
So zeigte sie, wie scharf wir darauf waren.

Wir müssten steinigen, was wir offenbaren,
bis wir unter Verdacht gerieten,
bis die Verräter überhandnahmen,
oder die Feigen sich selbst denunzierten.

Der Nazarener war uns fremd, und außerdem weit weg.
Und wir versuchten, das, was wir dachten, für andere
        unlesbar zu machen,
unser Chaos zu verbergen,
die Oberschenkel zusammenzupressen, aus lauter Ekel die
        Lust zu vergessen.

Es war nicht mehr nötig, uns zu erbittern,
die Angst verzog uns Hände und Gesicht,
unsere Schmerzen spürten wir nicht,
die Steine ließen unsere Nägel splittern.

Eins muss man sagen, wir trauten uns nicht
und keiner schaute der Frau ins Gesicht,
während wir sie mit den Steinen bewarfen.
Aus Furcht, an ihrer Stelle zu sein,
mussten wir selber das Schlimmste befürchten.

Todeskampf

Er ringt mit dem Tod –
wir sprechen das so aus und glauben daran, unbedingt –
wir haben ihn in die Klinik gebracht,
wo er mit dem Tode ringt.

Die Alten hätten das so ausgedrückt: Er liegt im Todeskampf.
Man dachte sich, der Geist des Kranken streitet mit der
        Finsternis,
mit den Dämonen.
Aber vielleicht kämpft er darum, zu entkommen?
Will lieber fliehen statt zu bleiben?
Und er will es seinem Körper zeigen,
der aber ist es, der ihn fesseln will, der ihn festhält auf der
        Sonnenseite.

Dessen ist der Körper sich gewiss, dass die Sonnenseite hier
        im Diesseits ist.
Auch ich hänge diesem Glauben an
und schaue auf die Beatmungsmaschine,
die die Minuten meines Vaters zählt,
ich bitte um ein Arztgespräch und lass mir Hoffnung geben,
dass dieser Zweikampf ihn zurück ins Diesseits führt.
Was aber ist mit dem Willen des Geistes?
Was können wir vom Gedächtnis wissen, dem
        vorgeburtlichen und dem seither?

Womöglich nichts
und er bemüht sich, auch jetzt noch alles zu verstehen,
er denkt, nun ist die Zeit gekommen,
aus allen Bindungen endgültig fortzugehen,
aus allem, was er trug und einmal Liebe nannte
und das ihn an die Mutter, dann die Kinder band.

Und dafür ist vielleicht auch eine Sense nötig,
um uns die ausgestreckten Arme abzuhauen,
uns dummen Kindern,
die immer noch auf die Maschine schauen.

Die blaue Plane

Endlich zogen die Bauarbeiter die blaue Plane
vom Gebäude ab,
auf das deine Augen zwei Monate schauten
aus deinem Fenster im Krankenhaus.
Und immer fragst du, wenn ich dich besuche:
„Was wird da drüben wohl gebaut?"
Jetzt aber ich:
„Na, schau doch mal,
jetzt kann man's endlich sehen, es ist fertig!"
Doch gibst du darauf keine Antwort.
Du zogst dir selber die Nadel raus
und hast dich in eine Amsel verwandelt,
damit du sehen kannst, mit eigenen Augen,
was unter der blauen Plane war
und was sie dort so lange bauten.

Achter August

Ein Freund brachte mir seine Katze vorbei,
bevor er zwei Wochen
in Urlaub fuhr,
und erklärte mir, wie sie zu füttern sei, morgens und
        abends,
und wann sie Tabletten und Leckerli brauchte.

Doch Kitty fühlte sich bei uns nicht wohl,
in der Fremde, weit weg von zu Haus,
sie kam nicht zurecht und mochte nichts essen,
verkroch sich unter den Schrank und blieb dort sitzen.
Drei Tage lang ging sie nicht mal aufs Klo,
nun war ich ratlos und ernstlich besorgt
und schrieb an erfahrene Katzenhalter:
Was muss ich tun? Noch warten, oder zum Tierarzt gehen?

Was wisst ihr über den Stuhlgang von Katzen?
schrieb ich Freunde in Tbilisi an,
auf den Tag genau zehn Jahre, nachdem der letzte Krieg
        begann.
Die Freunde waren mit Demonstrieren beschäftigt
und trugen Trillerpfeifen im Mund.
Sie machten sich auf diese Weise klar,
wie Giorgi Antsukhelidze*
gefoltert worden war.
Es war in Tskhinvali,* wo das geschah.
Er sollte die Fahne mit Füßen treten,
doch weigerte er sich. Da brachten sie ihn um.

Zehn Jahre her ist dieser letzte Krieg.
Damals bombardierten sie Tbilisi.

Fünf Nächte lag ich mit meinem Kind, den Rucksack
        unter dem Kopf,
schlief in Schuhen,
stets auf dem Sprung in den U-Bahn-Tunnel.

Wisst ihr vielleicht, wie man Katzen füttert?
rufe ich Freunde in Tbilisi an,
sie stehen da mit Kerzen in der Hand
an den Kriegsgräbern von Shindisi,*
den heißen Augustwind in ihren Augen.

Ich seh sie die Kerzen baumhoch erheben
und höre ihre Stimmen Antwort geben:
Samachablo* ... Katzenminze ... Okkupation ...
        Stacheldrahtzaun ...
Louis XIV* ... komm nie mehr heim ...

Wenn Frauen singen

In deinen Gedichten wird ständig getrauert,
moniert mein Freund
und blättert verdrossen in meinen Entwürfen.
Kannst du nicht mal was Erfreuliches schreiben?
Denk doch einmal an singende Frauen,
denk dir ein Lied,
denk dir die Blumen,
die man ihnen verehrte,
schreib doch mal was über Straßen im Frühling,
wie sie ergrünen
und wie die Jugend in ihnen flaniert.

Ich hör, was er sagt, und sehe vor mir
die Bilder der lustig marschierenden Frauen
in den Straßen von Minsk
wie sie Blumensträuße tragen,
die so gut zum Sommer passen,
in ihren weißen, luftigen Kleidern,
wie sie eine Kette bilden,
wie sie singen
und die Stadt zum Klingen bringen,
als sängen sie ein Wiegenlied.
Sie haben sich ihrer Schuhe entledigt:
Barfuß stehen sie im Kreis und schunkeln.

Das wäre ein Stoff für ein leichtes Gedicht,
warum auch nicht,
die Straßen von Minsk voller heiterer Menschen,
warum auch nicht.
Nur leider marschieren sie aus Protest, sie kämpfen
und haben doch gar keine Chance.
Ich weiß Bescheid

und sehe vor mir, wie in kürzester Zeit
die Lebenskette reißt
und Polizisten sie mit Stöcken treiben
und ihre Stimmen, ihre Lieder
hinter den Gittern einer Zelle bleiben.

3. Unterwegs

Stadt zum Verlieben

> *Wir haben uns in dieser Stadt verspätet.*
> Nato Ingorokva
> *Es braucht keinen Grund, nach Berlin zu gehen.*
> Norbert Hummelt

Muss man in Berlin geboren sein, um sich in diese Stadt
       zu verlieben?

Die Stadt kann ein Mann sein, sie kann eine Frau sein
es ist ganz gleich, ob du als Kind schon hier warst
oder als Studentin eintriffst, irgendwo in einem Park.

Fragt denn die Liebe nach dem Alter?
Verlangt die Liebe nach einer Erklärung?

Manch einer gibt die Hoffnung niemals auf
mancher wartet auf die Traumgestalt
manche haben so ein großes Herz, dass alles sich darin
       zusammenballt:
Frau und Mann
und Mauern mit Graffiti,
Grünanlagen, ein Café, ein Fluss.
Ich aber mag es,
wenn es schneit und Nacht ist,
wenn drüben die Laterne brennt
und Schneekristalle um sie niederfallen,
wenn ich in den Lichtstrahl blicke
und leise vor mich hin erzähle.
Denn dann weiß ich meinen Vater bei mir,
er sitzt dabei, hört zu und freut sich,
wenn ich wiederum erzähle, was er schon so lange
       kennt.

Muss man jung sein, um sich zu verlieben – ich meine
        jetzt, in eine Stadt?
Fragt die Liebe nach dem Alter?

Und die Fragen werden wie von selbst verschwinden,
wenn du ein Zuhause hast, wo man dir zuhört, und
        zwar gerne,
wenn du dasitzt im Licht der Laterne
und schon wieder dein Leben erzählst.

Mitteilung

> *für Shorena, die eine Wüste sehen wollte*

Vergiss es, sprach ich, und komm mit.

Lass uns den Sand in der Wüste abkarten,
Lass uns auf die Karawane warten.
Mach dich los vom Kindheitsstamm!
Such mit mir nach Sem und Ham!
Weck den müden Noah auf,
Bringe mit mir Samen aus!
Weine duften in der Fremde fremd,
Sonne wirft ein neues Schattenhemd.

Bind dir die Haare, sprach ich, und komm mit.

Alte Götter sind nicht mehr,
Wortlos steht die Erde leer.
Boden ward vom Schneefall weiß,
Frühling kommt, die Schwalbe pfeift.
Was ich aus den Zeichen sah,
Sagt mir alles, sonnenklar.
Komm, wir schultern jetzt das Firmament,
Weil die Zeit den neuen Anfang kennt.

Blick zurück noch einmal, sprach ich, dann komm mit.

Feuer glüht im Brombeerstrauch,
Verdorrter Feigenbaum geht auf in Rauch.
Seele ist in eine Faust geschlossen,
Magazine werden leergeschossen.
Gebete steigen neu zum Himmel auf,
Reue kennen wir inzwischen auch.

Auf jede Frage wissen wir den Spruch,
Nur die Lampe hat nicht Öl genug.

Halt die Zeit fest, sprach ich, und komm mit.

Landschaft der Linien

für Katharina Worring

Du bist glücklich,
weil der Zug so schnell ist
und dich über Grenzen führt, über Felder, Seen, Städte,
an nur einem Tag.

Du bist glücklich,
denn bald bist du hier
und kannst mir nach Herzenslust erzählen,
wie unbeschreiblich deine Reise war,
welche Wünsche dich berührten,
welche Stimmen dich verführten,
hin zu Orten, die noch keiner sah.

Du bist eilig,
denn du willst erzählen,
von Menschen,
Straßen,
Kneipen und Cafés,
aber alles, was du vor dir siehst, sind Linien,
sie ziehen noch vorbei, wenn du die Augen schließt.
Am Ende bleiben dir allein die Farben,
der Ton der Bäume, oder Sonnenlicht auf einem Häuserdach
am Straßenrand, das du gesehen hast.
Du konntest dir nicht einmal die Stationen merken,
so ist der Zug mit dir gerast.

Die Ringe von Romana

Romana schüttelt mir kräftig die Hand
und alle ihre Finger blühen.
Das sind die Strahlen ihrer Ringe.
Sie blitzen nicht wie Sterne,
sie leuchten wie Planeten
und stets erzählen sie mir neue Dinge.

Ich frage mich:
Hat sie die Farben alle selbst erlebt
und den Ringen eingeprägt?
Der Glanz der Ringe wundert mich
und endlich
habe ich den Mut zu fragen:
War dein Leben wirklich derart bunt,
kommen daher an der Hand die Strahlen?

Und sie erwidert: Nur der Ehering,
der war ein echter Feuerspucker,
der schlichte hier, aus reinem Gold.
Der ließ die anderen in allen Farben strahlen,
sobald sie nur auf meine Finger kamen
und fortan keinen Schritt alleine machten.

An der Severinsbrücke

für Sabine Schiffner

Wie sie über die Brücke fährt,
die Frau, das sehe ich,
in der Morgendämmerung
quert sie den Rhein.
Und ihr blaues Regencape spannt wie ein Segel
und so fliegt sie am Geländer lang,
das ihr folgt bis an den fernen Brückenaufgang,
bevor sie wieder festes Land betritt.

Die Frau vertraut darauf, dass das Geländer
sie getreu geleitet, und es hält so fest,
dass nicht einmal die starren Stäbe schwingen.
Der Pylon hat alles fest im Griff,
er hält die ganze lange Schrägseilbrücke, auf einer Strecke
       von knapp 700 Metern.

So radelt sie dahin und quert die Severinsbrücke
an jedem Tag, den Gott erschaffen hat.
Und nirgendwo wird sie vom Weg abweichen
oder ein Stück Weg abschneiden.
Sie kommt nicht mit der Bordsteinkante in Berührung,
denn da ist die Brüstung vor.
Und so wehrt sie meiner irren Angst, dass ich nicht denken
       muss,
und macht, dass ich mich wieder wende, fort vom Fluss.

Die Versteinten

für Isolde Ohlbaum

Und dann sprach sie von den Seelen,
die eines Tages ihren Leib verließen.
Aber sie konnten nirgends fliehen
und zogen daher in den Stein.

Und dann erzählte sie von den versteinten Frauen,
die Wache hielten vor dem eigenen Grab
und dort als Statuen ihren Platz einnähmen
und sich ihrer Nacktheit gar nicht schämten.
Vielmehr lauschten sie, ob nicht ein Herz, ein
        schlagendes, gegangen käme,
ein Mensch, der trauerte oder spazieren ging
und zu Besuch kam
bei den Cherubinen aus Marmor oder aus Granit
und sie am Knie berührte,
um herauszufinden, ob sie nicht doch lebendig wären.
Dann könnte man sie ins Café einladen, oder eine Bar –
hatten sie denn nicht bebende Brüste,
und kriegten sie nicht Magenkrämpfe vor Erregung,
wenn jemand nahte, mit der Kamera?

Die Versteinten fühlten alles, so erzählte sie,
und posierten gerne vor dem Objektiv, in das sie blickten
        wie in einen Spiegel.
Dann ändere sich auch ihr Mienenspiel,
als ob sie sagen wollten, nun,
was heißt hier Schicksal? Dass wir versteinten, war doch
        unsere Wahl
und wir bereuen nichts.

Isolation

Nackt sein,
wenn dich niemand sieht,
ist völlig ohne Bedeutung
und es stört keinen, wie du die Haare trägst,
hochgebunden oder im Salon gewellt.
Dann verlierst du jede Scham
und, wie ich denke, auch die Angst,
und gehst ganz frei ins Wasser ein.

Aber jetzt, in Selbstisolation,
kommt dein Körper dir wie eine Freundin vor,
die du aus dem Wohnzimmer herüberbittest,
dass sie sich in der Küche zu dir setzt.
Bitte sie doch, sich etwas anzuziehen,
denn sonst sitzt einer hier am Tisch zu viel.

Die Stimmen

Alles ist unter den Freunden gesagt, es gibt kein Wort
        mehr und man fühlt sich leer
so wie ein S-Bahn-Zug, der vollgepackt in einen
        Bahnhof einlief
und nun viel leichter gleitet durch den engen Tunnel.

Freilich sind auch die Vögel verschwunden.
Der Massentourismus ist daran schuld,
das schnelle Internet
und die Insektizide,
die Zeit für Pfeil und Bogen ist vorbei.

Du horchst,
doch hörst du keine Stimmen mehr,
nur das Rattern der Eisenbahn,
die ohne Unterlass den Schienen folgt,
und dann, seit heute Morgen, rauscht das Wasser,
weil es im Keller einen Rohrbruch gab.
Bald wird die große Überschwemmung kommen
und alles, alles wird ertränkt,
mitsamt den Geistern aus den alten Tagen,
die in den Dingen wohnen, an die keiner denkt.

Die Gravur der Berge

Was wollt ihr zu den Bergen sagen,
die die Stadt umzingelt haben,
wenn ihr merkt, dass sie nur Wolkenhaufen
und anderntags nicht mehr zu sehen sind?
Kam euch die rechte Anrede schon in den Sinn,
fragt ihr euch, wo sind die Berge hin?
Und dennoch stehen sie mit ihren weißen Hauben
und zieren sie mit letzten Sonnenstrahlen,
wie Hüte turtelnder Passanten schön.

Saht ihr je, wie sich die Berge grüßen,
wenn sie den Kreis allmählich schließen,
als nähmen sie uns an ihr Herz?
Wusstet ihr ein Wort an sie zu richten?
Oder wart ihr so wie ich verwirrt
und konntet nichts tun als die Augen schließen,
einmal blinzeln
und für alle Zeit den Eindruck auf der Netzhaut bannen
so wie Gravur
oder Fotografie
und eines Tages betrachtet ihr sie
wenn euch bestimmte Gegenden fehlen, wie die
        entschwundenen Berge fern.

Eisvogelpsalm

für Uwe Kolbe

Ich wollte von dem blauen Vogel schreiben,
der hin und wieder in den Märchen vorkommt,
als Zaubervogel,
Himmelsgabe, als Mirakel,
das uns zuteilgeworden ist,
wie Gesänge aus dem Psalter,
wie die Liebe,
wie ein Dank,
den uns die deutsche Dichtung leuchtend darbringt.

Eisvogel –
sprach ich, und
ließ meinen Blick über die Seen wandern,
lauernd auf ein Wort, wie auf den Schwung der Flügel.

Eisvogel –
ich horchte aufmerksam die Stille ab,
ob nicht ein Name dort erklänge, den man bei uns selten
        ausspricht.

Unsere Dichtkunst kennt den Adler,
die Nachtigall, die Taube, die Schwalbe und den Spatz,
        den Raben, den Eichelhäher
und die Blaumeise ...
Vom Eisvogel hat keiner je gesungen,
und keiner träumte je davon, sein blaues Licht zu
        schauen.

Hat meine Sprache sich niemals in dieses Wort verliebt?
Gab sie ihm keine Flügel, schenkte ihm kein Lied, erzog
        ihn nicht?

So geht das wohl zuweilen mit den Wörtern,
einige haben das Glück gepachtet, andere warten auf ihre Frist,
um wie der Phönix aus dem Nichts zu steigen
und irgendwo an Land zu streifen, und wenn es nur beim
        Übersetzen ist.

Installation

Die Unterführungen in Tbilisi
sind kurze Tunnel,
das Licht an ihrem Ende sieht man schon beim Eintritt.

Aber die Menschen, die dem Licht zustreben,
wirken seltsam klein,
und ihre Silhouetten
haben Kunstcharakter –
das Video ist fast vorbei,
man sieht nur noch
die letzten Schritte.

Du streckst die Arme hoch
und läufst auf Zehenspitzen,
um zu zeigen,
dass du keine Angst hast,
doch diese Einstellung ist leider nicht mehr drauf.

Veränderung

In einem Land,
in dem ein Freund begraben liegt,
bist du nicht länger nur zu Gast.
Es ist nunmehr auch deine Pflicht,
an seinem Stein
das Gras zu rupfen,
damit man lesen kann, wann er geboren ist.

Neujahr in Berlin

Wenn wir das Knacken der Walnüsse hörten,
ein Geräusch, das aus der Küche kam,
dann wussten wir,
das Neujahrsfest stand vor der Tür.

Großmutter saß an dem kleinen Tisch, sie saß auf einem
        Schemel
und klemmte einen festen Hocker zwischen ihre Knie
und daran schlug sie die Walnüsse auf, mit einem Stein,
damit die Kerne nicht krümelig wurden.

Die Küche bebte den ganzen Tag,
uns aber scheuchte sie fort wie Hühnchen:
„Ich kann euch nicht brauchen beim Nüsseknacken,
ihr futtert mir die Hälfte weg.
Da, nehmt die dunklen schwärzlichen Kerne."

Doch nicht nur die schwarzen wurden gegessen.
Walnusskerne wurden für Sazivi* gemahlen,
man schnitt sie auch für Kuchen auf,
bräunte sie für Gosinaki*
und naschte davon im Vorübergehen.
So konnte Neujahr ruhig kommen,
zwei Geburtstage noch dazu, mein eigener und der
        meines Bruders.

Gestern nun erklärte ich dir:
Ich hätte jetzt Walnüsse so schrecklich gerne,
ich mache Sazivi und Gosinaki, dazu Auberginen und
        Walnusskerne.
Dann kamst du vom Einkauf zurück nach Haus,

den Rucksack bis oben mit Walnüssen voll
und kipptest ihn über dem Küchentisch aus.

Wie meine Großmutter es getan hat, so schlage auch
        ich die Walnüsse auf,
mit einem Stein, damit sie nicht zerkrümeln.
Es ist gerade eine Stunde her,
da bebten hier bei uns die Wände.
Und falls die Nachbarn es bis jetzt nicht wussten,
so dürften sie es nun erraten:
Das neue Jahr steht vor der Tür.

Rote Chilischoten

Wie Trinkhörner voll mit funkelndem Wein
Wie Hörner des Stiers aus dem Märchenlatein
Liegen sie ausgestreut über den Tisch
Und Augen sind da und freuen sich
Geschickte Hände fädeln sie auf
Die ganze Küche ist heute gut drauf

Und unser Herz ist so köstlich erregt
Von Sommerlicht, das die Girlanden bewegt
Das Fest kommt näher, es ist nicht mehr weit
Sie helfen uns über die Winterzeit
Damit uns die Kälte nichts anhaben kann,
So sagen wir, und wir glauben daran.

Bald werden sie Feuer, gleich hier auf dem Herd,
Wir haben das Zauberwort alle gehört:
Adjika* – gibt es hier Frau oder Mann,
Der diesem Arom widerstehen kann?
Der Winter mag kommen, so streng wie er will,
Uns bleibt ihre Farbe, ihr warmes Gefühl.

Ich werde nicht müde, sie anzupreisen,
Sie munter ins weltweite Netz einzuspeisen:
Fliegt jemand bald aus Georgien hierher
Und brächte die Hände – ich freute mich sehr,
Die Hände her mit dem warmen Licht,
Wie auf dem Foto und hier im Gedicht,
Die Mutter am Tisch, mit gesenktem Kopf,
Die Kälte bekämpfend, mit Feuer im Topf.

Zu keiner Zeit wurde etwas geboten,
Das uns so erquickt wie die Chilischoten.

Wir kannten als Kinder schon ihren Geschmack,
Der süß oder scharf war wie Kautabak,
Wir nennen es Heimat, ich teil es mit dir,
Es gibt einfach keinen Ersatz dafür.

Teddy, voll mit Sägemehl

Ich packe meinen Koffer, aber das ist schwer.
Er darf nur zwanzig Kilo wiegen, kein Gramm mehr.

Soll ich vielleicht die Stiefel weglassen?
Der Winter ist noch zwei Monate hin, ich kann noch
    was kaufen, das macht Sinn.
Aber Maismehl zum Backen muss unbedingt mit,
lässt mich an Mutters Hände denken, die so warm
    sind wie ihr Blick.
Auch Churchkhela* muss in den Koffer,
zehn Stück davon, die schon vergeben sind,
auf die schon je ein Georgier wartet,
flackernde Kerze im nächtlichen Wind.
Ach ja, und diese Ikone ist schwer,
ich habe sie einer Studentin versprochen, auch den
    Rahmen, in Gottes Namen.
Aber der Wein? Drei Flaschen sind zu viel.
Auch diese Strickjacke ist überflüssig, ich fahre ja
    nicht zum Frieren dorthin.
Die Bücher hier kann ich auch online finden,
aber der Bär muss unbedingt mit.
Teddy, voll mit Sägemehl, ein schwerer Brocken.
Seit langem ist ihm das Brummen vergangen,
aber sein Kopf ist wieder dran. Die Tante nähte ihn
    mit rotem Faden.
Er machte dem Nachbarmädchen Angst.
Dieser Bär muss unbedingt mit,
er muss mich an leichtere Tage erinnern,
als wir noch in Kakhetien waren
und auf Matratzen auf dem Fußboden lagen.
Der Sommer war heiß und wir waren zu dritt.
Und Tante M. skandierte den Hit: „Alle Vögel fliegen
    hoch!"

Schwertlilien

Schwertlilien sollen es sein, die wollen wir pflanzen,
darin kamen wir überein,
denn Schwertlilien gedeihen gut
und bleiben auch noch länger grün,
sagt unser Bruder –
Schwertlilien machen sich gut auf Vaters Grab.

Noch wölbt sich über diesem Grab die Erde
und erst im Frühjahr wird es soweit sein,
dann gräbt er um und pflanzt zu beiden Seiten
lilafarbene Blumen ein.
„Du schaffst es sicher nicht mehr bis zum Herbst, sie werden
 nicht mehr blühen,
doch gehen wir zu Ostern hin und schicken Fotos, du wirst
 sehen",
schreibt mein Bruder.

Hier in der grünen deutschen Stadt
ist der Frühling schon gekommen,
ich flaniere durch die Straßen
und die Wochen sollen eilen
und den Sommer überspringen,
denn es könnte mir gelingen, im September nach Georgien,
wo die späten Sonnenstrahlen auf dem Grab des Vaters spielen.

Aber hier, auf Wiesen, Wegen,
eh es Herbst ist und die Bilder kommen,
wachsen mir die tintenfarbenen, all die Schwertlilien entgegen,
und mein Vater wäre noch am Leben
und erwartet mich am Tor
und er breitet schon die Arme:
„Kind, du kommst mir eilig vor, nur die Ruhe,
ich bin da."

Unlocked, eine Lithographie von Helene Bautista

Versperrtes Schloss, versperrte Tür
Schatten der Treppe
auf der Lithographie, die ich
auf dem Bildschirm sehe:
Am Ende gehen alle Türen auf.

Wenn du mir etwas Verschlossenes zeigst,
etwas, das taub und verriegelt ist,
glaubst du selbst und lässt mich glauben,
tut sich alles auf, wenn ich nur klopfe,
wenn ich die Türe mit der Hand aufstoße,
den Riegel auf die Seite schiebe,
ganz gleich, was meiner dahinter wartet,
geht die Tür auf, strömt das Licht ein,
glaubst du selbst und lässt mich glauben,
breitest Du mit Licht, wie Schwingen, nun die Diele
        vor mir aus:
Und die Schatten sind verschwunden,
Türen gehen wie Flügelschlagen
und ich kann hinaus, mit Schwung...

Schloss ist keines mehr zu sehen,
wartet nur auf den Moment:
kann daran vielleicht nicht glauben,
stoß die Türe mit der Hand zu,
klicke mich zum nächsten Bild.

4. Zum nächsten Bild

Lasst es uns betrachten

Was wird aus den Reben, wenn wir sie nicht lesen?
Was aus der Ziege, wenn wir sie nicht melken?
Was aus dem Weizen, wenn wir ihn nicht mähen,
oder aus dem Seidenfaden, wenn wir ihn nicht länger
        haspeln?

Aus alter Zeit ist uns bekannt, die Natur fällt in den
        Urzustand,
wenn wir nicht nach ihrem Rhythmus leben, wird sie
        uns nicht mehr zu essen geben.
Was aber ist mit unseren eigenen Rhythmen,
wenn sich die Liebe in den Adern staut,
leuchtet das Blut auf unter der Haut,
Angst überkommt uns, Panik bricht aus, wir schließen
        die Augen und laufen davon.

Uns dämmert vielleicht, dass wir nicht verschmachten,
davonzulaufen kann gar nicht schaden,
vereinfacht die Dinge,
bergab geht es leichter, und unser eigenes
        Körpergewicht
spüren wir in den Gassen nicht,
wenn wir dort unten nach Herzenslust schlendern.

Wir sind umso freier, je ärmer wir sind,
der Krieg mag kommen und die Erde beben,
das kann uns nichts anhaben, nichts mehr nehmen.

Doch was mit der Leidenschaft, wenn sie erlischt?
Das Blut sich verdunkelt, und leuchtet nicht mehr,
wenn öde Seelen einander streifen?

Es ist wie ein Sprung in die tobende See
wo wir uns nicht mehr mit den Händen greifen
und teilnahmslos nebeneinander treiben.
Das ist die Freiheit, nach der wir uns sehnten,
ihr mächtiger Strudel saugt uns ein
und aus ihren Armen ist kein Entrinnen.

Das Aquarell

Ein kleines Landschaftsbild in Wasserfarben,
das die kakhetischen Weinberge zeigt,
von einer deutschen Malerin uns übereignet,
ich hing es vis-à-vis vom Schreibtisch auf,
zusammen mit den Sommerfotos,
an dem Tage, als ich bei dir blieb.
Zumal wir sagten,
es sei dann besser beim Skypen zu sehen,
wenn ich dich von zu Hause anrief.

Und dachte mir,
vielleicht kann dieses Landschaftsbild mir eine Brücke sein
beim Übergang von meiner Welt in deine.
Es mag mir, der weit Entfernten, hilfreich sein, nach vielen
   Tagen,
wenn die Erinnerung verblasst
und wir eine Stelle brauchen, um in Vergangenes
   zurückzutauchen,
so wie man einen Stein vor seine Haustür legt, ein Brett,
um besser an den Klingelknopf zu reichen
oder um sich hinzusetzen,
wenn sich der Schlüssel wieder mal nicht findet,
bevor man ihn in allen Taschen sucht.

... Genau an dieses Landschaftsbild in Wasserfarben
dachte ich,
an dieses kleine italienische Dorf,
als ich meinem Mann die Trauben brachte, an denen noch
   der Tau war,
und wie er heiter mit der Hand zum Fenster wies:
Da schau, wie ähnlich diese Gegend doch der Ebene ist,
wo eure Rebenhügel stehen, in Kakhetien.

Es war so

Mit dem Alleinsein war zu rechnen
in der großen Stadt in einem fremden Land
und dem Gehen ohne Kompass
und dass alles dreimal größer scheint, als es dir bisher
        bekannt
und das gilt von allen Dingen, Bogenbrücken,
        Vogelschwingen
sprachlos türmen sich die Häuser auf
stehen da mit zuen Augen, als
sagten sie nichts weiter aus
nur die Bäume geben Schatten
und gehen teilnahmsvoll ein Stück mit dir
alles ungewiss und bitter
auf dem Bürgersteig kommt keiner an,
der dir sagte: so, erzähl mal, sprich,
wie geht es dir denn hier
denk nicht mal dran, wohin die gingen, welche dich
        verlassen haben
du bist deinem eigenen Stern gefolgt
und bist noch immer selber auf der Pilgerfahrt
zum fremden Land, wo dich kein Mensch erwartet
dennoch teilen sich vor dir die Wasser, trockenen Fußes
        kommst du durch
und dann erzählst du,
wie die Farben schwanden
Worte, Namen, nur noch als Ritzungen in Stein erkennbar
und so auch ich in diesem Stein
war wie ein Wunsch,
der an dir zog,
dass du ihn in eine Tasche stecktest
und da liegt er, irgendwo.

Shisha Bar

Den Weihrauch
mit Duft von Orange und Honigmelone
entfachen wir mit der Wasserpfeife
so sitzen wir mit geschlossenen Augen, Seite an Seite
und wie die Priester
nach altem Brauch
halten wir fest an Glut und Hauch.

Den Namen der Gottheit aber nennen wir nicht
noch rufen wir Zeichen vom Himmel herab
wir flüstern auch keine sehnlichen Bitten
wenn wir den Weihrauch wieder entzünden, auf dass
      Orange und Honigmelone
von neuem ihren Duft verströmen.

Wir nennen vielmehr einander beim Namen,
das dauert jetzt schon den ganzen Abend,
dass wir hier ganz ungeschützt sitzen
und einander so schamlos vergöttern.
Leicht ist es nicht
du hast mich gefunden – und ich fand dich
leicht ist es nicht
aber es gibt dich – und es gibt mich,
leicht ist es nicht, den Worten zu trauen,
die wir nun einander sagen,
kann sein, es wird uns auch nicht gelingen,
während wir um die Pfeife sitzen
und sie kraft unserer Lungen erhitzen,
wenn wir den Weihrauch selbst erneuen
und uns offen aneinander freuen,
weil wir einander begegnet sind
heute in dieser fremden Stadt,

die nichts mit unserm Land zu schaffen hat,
in dieser fremdesten
aller Welten,
wo Götter und Ahnen nichts mehr gelten.

Die Schatten

So sind sie halt –
sie kommen vor uns an,
sind schneller durch die Tür als wir
und an den Wänden und der Decke tauchen sie
        ganz ungehindert auf.
Es lohnt nicht, ihnen nachzueilen,
doch mit den Augen kannst du sie begleiten, kannst
        du sehen,
wie dein Schatten am Maulbeerbaum des Nachbarn
        eintrifft.

Er huscht den Mädchen
durch die Beine, die da stehen
und die schwarzen Beeren von den Ästen schütteln,
        eines Sonnentags.
In den Händen halten sie ein blaues Tuch
und bis sie dich am Tor bemerken,
sind die Finger deines Schattens schwarz
und er leckt sich schon die Lippen.

Jetzt läuft mein Schatten wieder vor mir her,
wenn meine dunkle Seite mich zu dir führt.
Er springt die Treppe hoch,
bahnt einen Pfad
unter dem Lichtstrom einer offenen Tür
und zieht mich
wie der Kamin den heißen Rauch zu dir.

Ein Freund schrieb mir

Ein Freund schrieb mir, er komme her.
„Ich komme zu dir, es wird höchste Zeit, dass du dich löst
      aus deiner Einsamkeit,
aus diesem Netz, in das du dich verstrickt hast,
das dich fesselt und erwürgt."

Und er sprach noch von der Seidenraupe
und vom Maulbeerbaum,
dessen Beeren süß wie Honig tropfen, wenn sie reif sind.
Die Raupe aber hat die Eigenart,
sich selbst in einen Kokon zu spinnen,
so dass kein Schall bis zu ihr vordringt, und kein
      Sonnenstrahl.
Die Raupe kriegt es überhaupt nicht mit,
dass sich ein Freudenquell von diesem Baum ergießt.
Sie lässt die Früchte Früchte sein und futtert nur die Blätter.

„Wir steigen auf den Drachenfels, komm, gib mir deine Hand.
Von oben sieht die Stadt ganz anders aus, du wirst schon
      sehen,
und die Straßen werden Spielzeugstraßen sein.
Wir stürzen uns von oben in den Rhein und schwimmen,
bis wir bei denen sind, die immer singen,
wo man schunkelt und sich gern berührt
und sich auslebt,
völlig ungeniert."

Glaube doch nicht solchen Wesen, die sich in Einsamkeit
      verstricken
und darüber fühllos werden,
die in weiß gekleidet sind und glitzern,
glaube nicht den blinden Spinnern,

die sich nie daran erinnern,
wo ihr Netz gespannt ist und warum.
Was könnte ihnen Besseres begegnen, als eine
 ausgestreckte Hand?
Du denkst vielleicht, du kannst sie retten,
wenn du dem Faden bis ans Ende folgst.
Du meinst, du reißt ihn ganz heraus,
aber der Faden garnt sich schon um euch.

Ein Freund schrieb mir, er komme her.
Doch für den unbeteiligten Betrachter
sieht es wie ein Stillleben aus:
Zwei Kokons vor grünen Maulbeerblättern.

Flashback

Gab es diese Tage wirklich,
wie viele waren es genau?
Was mussten sie verwischen und verblassen?
Ein paar Straßen und der Anblick einer kleinen Stadt
und wir wussten gar nicht, wo wir waren.
Ständig suchten wir den Weg.
Die Sonne blendete, der Fluss
war Gold und voller Sagen.

Wir hatten keine Zeit für Fotos
und nichts zum Schreiben bei der Hand.
Wir fanden's besser, dass wir uns berührten,
an Rücken, Armen wurden wir bekannt.

Was war nur los mit dem Erinnerungsvermögen,
wo wurden die Gefühle abgespeichert, wo die Bilder
        einsortiert?
Vielleicht gibt's dafür ein Zentralarchiv,
wenn jeder von uns fortgeht in ein anderes Land, und
        dort mit einem neuen Partner alt wird.

Sprachlose Fotos

Die kleinen Storys, harmlosen Freuden,
die ich dir so gerne schicke –
nicht per Brieftaube
oder im frankierten Umschlag,
sondern nur mit leichtem Tastendruck, mit meinem Finger,
brauchen nur ein paar Sekunden,
um dir zu erzählen, was mir geschah und wie's mir geht.
Aus dem Café der Universität
lass ich dich an meinem Milchschaum naschen,
hänge ein paar stumme Bilder
ins Fenster meiner, deiner virtuellen Welt,
die jedes Wort verschlingt und festhält.

Das Ungesagte, das ich fühle,
und das mich gleich nach dem Senden erwürgt,
es ist da, und doch auch nicht.
Es geschah an einem Sommertag, als ich in den Hof zum
        Spielen ging
und es plötzlich an zu regnen fing,
dass mich die Kinder glauben machten, die Sonne wasche
        sich nur das Gesicht.

Komm, spielen wir zusammen

Komm, spielen wir zusammen, wirf die Wörter hoch
Hoch in die Luft wie leichte bunte Ringe
Komm, spielen wir, sie fallen leicht uns in den Schoß
Und wir sind Zwerge, machen Märchendinge.

Dann greifen wir nach unsern Herzenstrümmern
Und binden sie, solang die Kette hält
Versäumst du mich, dann kann es nichts verschlimmern
Komm, spielen wir, wir retten kurz die Welt.

Komm, spielen wir, es waren große Zeiten
Wir bauen einen Turm für unsern Traum
Spielen wir fair und sagen Artigkeiten,
Dann merken es die andern kaum.

Komm, lass uns mit den Augen raten,
Wieviel noch da ist zwischen dir und mir
Komm, spielen wir, wir sind uns fremde Staaten
Unter der Maske aber schläft das Tier.

GLOSSAR

Adjika – Scharfe, pastöse, georgische Würzsauce aus roten Chilischoten und verschiedenen ortstypischen Kräutern und Gewürzen
Antsukhelidze, Giorgi – Georgischen Soldat, der im Krieg 2008 gefangen, gefoltert und ermordet wurde
Bichvinta – Schwarzmeerkurort in Abchasien mit Sandstrand
Churchkhela (Tschurtschchela) – Traditionelle georgische Süßspeise aus aufgefädelten Walnusskernen in Traubensirup
Gosinaki – Walnuss in Honig, georgische Süßigkeit zum Neujahrsfest
Kakhetien (Kachetien) Region in Ostgeorgien
Khatschapuri (Chatschapuri) – Georgisches Nationalgericht. Es handelt es sich dabei um ein mit Käse und Eiern gefülltes, pizzaartiges Fladenbrot in regional unterschiedlichen Varianten.
Louis XIV – Anspielung auf den französischen Präsidenten Nicolas Sarkozy, der im Krieg 2008 als Vermittler zwischen Georgien und Russland tätig war
Muraba – Marmeladenartige georgische Süßspeise, besteht aus Obst, nur mit Zucker eingekocht
Pshavi – Region in Nordostgeorgien
Samachablo – Das Fürstentum Samachablo gehörte bis 1921 zu Georgien, heute heißt es Südossetien.
Sazivi – Huhn oder Pute in Walnussoße, eine georgische Spezialität
Shindisi – Georgisches Dorf, auch Titel eines georgischen Filmdramas von Dito Tsintsadze (2019)
Sukhumi (Sochumi) – Hauptstadt von Abchasien
Svanetien (Swanetien) – Hochgebirgsregion in Westgeorgien
Tskhinvali – Hauptstadt des heutigen Südossetien

Bela Chekurisvhvili, *1974 in Gurjaani (Georgien), hat georgische Sprache und Literatur an der Universität Tbilisi studiert. Sie arbeitet als Kulturjournalistin und ist Doktorandin für Komparatistik an der Universität Tbilisi, zurzeit studiert sie an der Universität Bonn. Fünf Gedichtbände und ein Band Kurzgeschichten in georgischer Sprache. *Das Kettenkarussell* ist nach *Wir, die Apfelbäume* (2016) und *Barfuß* (2018) ihr dritter ins Deutsche übersetzter Gedichtband.

Norbert Hummelt, *1962 in Neuss, lebt als freier Schriftsteller in Berlin. Zuletzt erschienen: *Der Atlas der Erinnerung* (2018) und der Gedichtband *Sonnengesang* (2020).

Lika Kevlishvii, *1985 in Borjomi (Georgien), lebt in Wien. Freie Dolmetscherin und Übersetzerin.

Nana Tchigladze, *1965 in Tbilisi, lebt dort. Literaturjournalistin, Redakteurin und Übersetzerin.

INHALT

1. Nanas Pferd

Das Kettenkarussell   7
Das Pferd meiner Schwester   9
Der Schatz   11
Das deutsche Klavier   13
Pusteblumen   15
Die Rosen der Witwe   17
Erdbeben   18
Getrocknete Sauerkirschen   20
Winterweizenbrot, Darmstadt   21
Ingwer   23
Genealogie   25

2. Zigarettenstummel

Zigarettenstummel   29
Es hat gar keinen Krieg gegeben   31
Das Heulen der Sirenen   33
Alles wurde zu Papier   35
Eis von der Mutter   37
Weiße Blutkörperchen   38
Sozialer Rang   39
Mutter ist zurück   40
Sünderinnen   41
Todeskampf   42
Die blaue Plane   44
Achter August   45
Wenn Frauen singen   47

3. Unterwegs

Stadt zum Verlieben   51
Mitteilung   53
Landschaft der Linien   55
Die Ringe von Romana   56
An der Severinsbrücke   57
Die Versteinten   58
Isolation   59
Die Stimmen   60
Die Gravur der Berge   61
Eisvogelpsalm   62
Installation   64
Veränderung   65
Neujahr in Berlin   66
Rote Chilischoten   68
Teddy, voll mit Sägemehl   70
Schwertlilien   71
Unlocked, eine Lithographie von Helene Bautista   72

4. Zum nächsten Bild

Lasst es uns betrachten   75
Das Aquarell   77
Es war so   78
Shisha Bar   79
Die Schatten   81
Ein Freund schrieb mir   82
Flashback   84
Sprachlose Fotos   85
Komm, spielen wir zusammen   86

Glossar   88

Von Bela Chekurishvili sind außerdem erschienen:

Barfuß
Gedichte
Übersetzung: Norbert Hummelt und Lika Kevlishvili
90 Seiten
2018
ISBN: 978-3-88423-593-5

»Es ist erstaunlich, wie es Bela Chekurishvili mit den Mitteln der Poesie gelingt, ein genaues Porträt ihres Landes zu entwerfen.« *Tanja Dückers, jungle.world*

Wir, die Apfelbäume
Gedichte
Reihe P
Übersetzung: Norbert Hummelt und Tengiz Khachapuridze
90 Seiten
2016
ISBN: 978-3-88423-540-9

www.wunderhorn.de